PROCÈS-VERBAL

DE

REMISE DE MAISONS DIVERSES DES TEMPLIERS

AUX CHEVALIERS HOSPITALIERS

DE SAINT JEAN DE JÉRUSALEM DANS LE POITOU

(20 mai de l'année 1313)

PUBLIÉ

Par M. Charles TRANCHANT

ancien Conseiller d'État,
ancien Conseiller général du département de la Vienne,
membre de la Société des Antiquaires de l'Ouest.

POITIERS
IMPRIMERIE TOLMER ET Cie
RUE DE LA PRÉFECTURE

1882

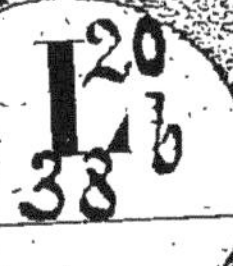

PROCÈS-VERBAL

DE

REMISE DE MAISONS DIVERSES DES TEMPLIERS

AUX CHEVALIERS HOSPITALIERS

DE SAINT-JEAN DE JÉRUSALEM DANS LE POITOU

(20 mai de l'année 1313)

PUBLIÉ

Par M. Charles TRANCHANT

ancien Conseiller d'État,
ancien Conseiller général du département de la Vienne,
membre de la Société des Antiquaires de l'Ouest.

POITIERS

IMPRIMERIE TOLMER ET Cie

RUE DE LA PRÉFECTURE

1882

PROCÈS-VERBAL

DE

REMISE DE MAISONS DIVERSES DES TEMPLIERS

AUX CHEVALIERS HOSPITALIERS
DE SAINT-JEAN DE JÉRUSALEM DANS LE POITOU

(le dimanche avant les Rogations - 20 mai - de l'année 1313),

PUBLIÉ

Par M. Charles TRANCHANT.

Le document que nous publions, et que nous avons tout lieu de croire inédit, est de ceux qui constatent, pour le Poitou, la suite donnée au grand et mémorable procès des Templiers ; il a, en même temps, un sérieux intérêt pour l'histoire de l'ordre des chevaliers de l'Hôpital de Saint-Jean de Jérusalem. A ce double titre, il était utile de le mettre en lumière et d'en assurer la conservation. Nous n'avons pas, pour en préparer la lecture, à refaire un récit dont Pierre Dupuy (1), l'abbé de Vertot (2), Raynouard (3), Edgard Boutaric (4), pour ne citer que des historiens spéciaux, ont développé les dramatiques éléments; nous nous bornerons à quelques mots d'introduction très directe.

Comme on le sait, le 13 octobre 1307, le roi Philippe le Bel fit, à

(1) *Histoire de la condamnation des Templiers.*
(2) *Histoire des chevaliers hospitaliers de Saint-Jean de Jérusalem.*
(3) *Monuments historiques relatifs à la condamnation des Templiers et à l'abolition de leur ordre.*
(4) *La France sous Philippe le Bel.* On peut rappeler aussi la dissertation sur l'abolition de l'ordre du Temple insérée en annexe, par le P. Henri Griffet, au tome V de l'*Histoire de France* du P. Daniel, p. 179 et suiv.

l'improviste, arrêter les chevaliers du Temple dans toute la France, et, en conséquence de cet acte, il fit séquestrer les biens de l'ordre.

Il avait été convenu, en principe, avec l'Autorité religieuse, restée sur le second plan dans la période originaire de l'affaire, qu'en cas d'abolition, les biens des Templiers ne pourraient être employés que pour les besoins de la Terre-Sainte, soit qu'on créât un ordre nouveau, soit qu'on fît dévolution à l'ordre des Hospitaliers.

Au concile de Vienne, en 1311, le pape Clément V, sous la pression non dissimulée du roi de France, prononça la dissolution de l'ordre du Temple par voie de provision, en présence, mais sans la participation effective de la haute assemblée. Il fut, en fin de compte, décidé que les biens de l'ordre iraient aux chevaliers de Saint-Jean pour être employés par eux soit à la conduite et à la défense des pèlerins, soit au recouvrement de la Terre-Sainte.

Le grand maître de l'Hôpital, Foulque de Villaret, et le Conseil du magistère acceptèrent l'attribution et donnèrent pouvoir à un certain nombre de fonctionnaires de l'ordre pour traiter, en leur nom, avec les souverains des différents pays de l'Occident où l'héritage était à recueillir.

Le frère Albert Lallemand de Château-Noir, grand précepteur, fut choisi comme procureur général et lieutenant du magistère en Europe. Huit membres de l'ordre lui furent adjoints, avec l'autorisation de les déléguer conjointement ou séparément pour les prises de possession. Au nombre de ces adjoints était le frère Léonard de Tibertis, prieur de Venise et procureur général en cour de Rome, qui paraît avoir été surtout, en fait, l'intermédiaire de l'ordre vis-à-vis la France.

La remise des biens des Templiers aux chevaliers de l'Hôpital ne se fit ni rapidement ni facilement. Le roi ne se dessaisissait pas volontiers de la riche proie sur laquelle il avait fait mainmise. Les Templiers avaient, on le sait, le trésor royal dans leur maison de Paris, la forteresse célèbre du Temple : le roi prétendit qu'ils s'étaient approprié des sommes déposées par lui, et les chevaliers de Saint-Jean durent promettre restitution ; — puis, ce furent les frais du procès qu'on fit payer à nouveau aux chevaliers, après les avoir d'abord prélevés sur les revenus, — puis l'ensemble des revenus échus, dont on exigea quittance sans les rendre. Enfin, pour terminer, et avant de mettre complètement l'ordre en possession, le successeur de Philippe le Bel, Louis le Hutin, contraignit les Hospitaliers à lui abandonner la moitié des meubles et même des ornements d'église.

Notre document est l'acte de remise aux chevaliers de Saint-Jean d'un certain nombre de maisons des Templiers « estanz en la seneschausee de Poyto ». Il est emprunté à un recueil factice formé au département des manuscrits de la Bibliothèque nationale, à une époque assez récente, sous le titre de *Chartæ Ordinis militiæ Templi*, et formant le numéro 9035 du nouveau fonds latin. La pièce est l'original même du procès-verbal portant le sceau du sénéchal de Poitou et de Limousin ; elle est écrite sur parchemin et bien conservée. Il est difficile d'en saisir la provenance immédiate. Elle a évidemment appartenu, autrefois, aux archives du grand prieuré des chevaliers de Saint-Jean en Aquitaine (1), archives rattachées maintenant à celles du département de la Vienne (2). Sous le gouvernement de la Restauration et sous le règne du roi Louis-Philippe, l'administration de la Bibliothèque royale a souvent acheté des lots de parchemins qui étaient vendus, pour la matière, chez les parcheminiers. Il est probable que le procès-verbal du 20 mai 1313, après avoir été distrait pendant la période de 1810 à 1830, si fatale aux archives de la Vienne, s'est trouvé compris dans un de ces lots. On ne tenait pas note détaillée des documents ainsi acquis ; il n'est donc guère possible de préciser ; mais, d'après l'opinion la plus compétente en la question, celle du savant administrateur général de la Bibliothèque nationale, M Léopold Delisle, toutes les vraisemblances sont dans ce sens (3).

(1) Les mots « Acquitaine Poictiers », écrits en anciens caractères au dos de la charte, ne peuvent laisser de doute à cet égard.

(2) L'archiviste du grand prieuré, M. Pontois, a eu, on le sait, après la Révolution, la garde des archives départementales, et a ainsi suivi le dépôt dont il avait eu le soin pour l'Ordre de Saint-Jean.

(3) Nous n'avons pas besoin de dire que c'est à notre éminent confrère et ami que nous devons les détails concernant les acquisitions auxquelles notre procès-verbal a sans doute dû son salut. C'est dans ces conditions que la Bibliothèque royale a sauvé aussi le cartulaire si précieux de l'ab-

Le procès-verbal dressé, à la date du « diomenche avant les Roveysons » de l'année 1313, par Guillaume Demer, garde du scel du roi à Poitiers, contient, suivant l'ancienne pratique, la série des actes successifs relatifs à la remise effectuée : — la lettre du roi Philippe le Bel au sénéchal de Poitou et de Limousin, Pierre de Ville-Blouain, en date de Paris, 28 mars 1312 ; — le mandement du sénéchal à Guiot de Lamote, sergent royal ; — le *constat* oral, par Guillaume Hervé, prêtre, notaire et juré de la cour du scel, de la remise opérée par Guiot de Lamote.

Voici le texte de l'acte (1) :

« A toz ceos qui verront e orront ces presentes letres Guill^e Demer clerc, garde do seel le Roy de France establi à Poytiers, saluz. Sachent tuit que, en la presence de Guill^e Hervéprestre, notaire et jure de la court do dit seel le Roy, a la requeste de Religious home frere Hugue de Theyl comandeour de la meson de lopitau de Larochele et procureour de Religious homes frere Symon le Rat de la sainte meson de lopitau de St Johan de Jherusalem priour en France, ou l'assentement des freres do dit priour, Guiot de Lamote sergent le Roy aiians poveir et comandement especiaut de noble home mon sire Pierre de Vile-Blouein, chevalier le Roy et son seneschau en Poyto e en Lemozin, de bailler e delivrer au dit procureour la possession des biens do Temple estanz en la seneschausee de Poyto, si come il apert en unes letres seelees do seel do dit mon sire le seneschau de Poyto, des queles letres la tenor est tele :—P. de Vile-Blouein. chevalier nostre seignour le Roy et son seneschau en Poyto et en Lemozin, a Guiot de Lamote sergent le Roy, saluz. Nous avons receu les letres nostre seignour le Roy contenans la forme qui sensuit. Ph. (2) Dei gratia Francorum rex, senescalco Pictavensi vel ejus locum tenenti, salutem. Cum, propter abhominaciones et errores Templariorum contra fidem catholicam in eis repertos, eorum

baye de Saint-Cyprien de Poitiers, publié en 1874, par M. Louis Rédet, dans le *Recueil de la Société des archives historiques du Poitou*.

(1) Notre confrère de la Société de l'École des chartes, M. Ulysse Robert, a bien voulu, pour assurer l'exactitude de la transcription, la collationner avec nous sur le texte.

(2) Philippus.

ordo, nomen et habitus fuerint in perpetuum nuper, in generali concilio Viennensi, per apostolicam sedem, omnino sublati et, nobis presentibus, instantibus atque requirentibus, bona dictorum Templariorum seu eorum ordinis que, pia devocione fidelium pro terre sancte obsequio destinata fuere, per eandem sedem apostolicam magistro et fratribus hospitalis Sancti Johannis Ierosolimitani ac eorum ordini, pro predicte terre sancte subsidio, concessa fuerint perpetuo et in eos translata per eos habenda, tenenda et perpetuo possidenda eo statu et jure quibus dicti Templarii ea possederant cum omnibus honoribus, oneribus, juribus et pertinenciis bonorum ipsorum, salvis nobis, prelatis, baronibus, nobilibus et personis aliis regni nostri, juribus quibuscumque que in bonis predictis quomodolibet nos et ipsi et eorum quilibet habebamus tempore quo ipsa bona prefati Templarii possidebant, Nos fratrem Leonardum de Thibertis, fratrem ordinis dicti hospitalis procuratorem generalem magistri, fratrum et ordinis ejusdem ac ad nanciscendum possessionem dictorum bonorum Templariorum quondam specialiter constitutum, petentem et supplicantem, investivimus de bonis eisdem in regno Francie existentibus et eum in possessionem misimus eorumdem nomine ordinis hospitalis predicti cum omnibus honoribus, oneribus, juribus et pertinenciis bonorum ipsorum et salvis nobis, prelatis, baronibus, nobilibus et personis aliis regni nostri juribus quibuscumque que nobis seu dictis prelatis, baronibus, nobilibus et personis aliis regni nostri tempore quo dicti Templarii ea possederunt quomodolibet pertinebant, ut bona ipsa magister, fratres et ordo predicti habeant, teneant et possideant et eis fruantur eo statu et jure quantum ad se et alios attinet quibus dicti Templarii habuerant et possederant bona ipsa tempore quo, propter errores predictos, in regno nostro, capti fuerunt et per ecclesiam ceptum fuit contra eos procedi. Investituram vero, missionem in possessionem, tradicionem que bonorum predictas modo et forma predictis, nos fecimus per nos expresso procuratori predicto quod de bonis predictis fiant et ministrentur expense Templariorum qui racione dictorum errorum per disposicionem ecclesie capti tenentur seu tenebuntur ac similiter expense que fient racione processuum dicti negocii fidei contra personas singulares Templariorum auctoritate apostolica faciendorum et quod mobilia, fructus, obventus et redditus bonorum predictorum, deductis suis oneribus et etiam expensis quas opportebit fieri pro eisdem regendis, administrandis, colligendis et custodiendis, ad obsequium terre sancte negocii fideliter convertantur. Forma igitur et modo suprascriptis et prout superius expressimus, procurator predictus, premissa acceptans nomine magistri, fratrum et ordinis predictorum, investituram, missionem in possessionem, tradicionem et deliberacionem bonorum predictorum a nobis recepit. Quare vobis precepimus et mandamus quod bona predicta et eorum possessionem realem, videlicet eorum que in vestra senescallia et ejus ressorto existunt, plenarie tradatis, deliberetis, tradi et deliberari faciatis dictis magistro, fratribus seu prioribus provincialibus, administratoribus seu procuratoribus eorumdem et eos bonis predictis et eorum possessione quantum ad vos pertinet gaudere plenarie faciatis, eo statu modo et jure quantum ad se et alios quibus ut dictum est, olim Templarii predicti, tempore predicto, eisdem bonis gaudebant. Quibus libet injustis occupatoribus seu detentoribus bonorum ipsorum de plano, vocatis partibus et auditis, inde, prout racio suadebit, amotis, damus autem omnibus prelatis, baronibus, nobilibus et personis quibuslibet regni nostri, presentibus in mandatis, ut ipsi vobis in premissis et ea tangentibus pareant efficaciter et intendant. Actum Parisius, XXVIII die Martii, anno Domini M° CCC° duod. Par la vertu des queles letres, nous avons baille a frere Guill^e^ Rat, mestre de la vile de (*sic*), de lopitau de St Johan de Jherusalem e au mestres de Plescorau et de Larochele procuratours a ce establis do priour provincial de France, la possession des diz biens do Temple estanz en nostre seneschausee, joste et selon la tenor des dites letres le Roy nostre seignour; si vous mandons e cometons que vous lesdiz biens en nostre seneschausee estanz comandez de par le Roy au curatour ou amministratours d'iceux bailler et delivrer plenierement au diz procuratours ou a lun deaus joste et selon la tenor des dites le Roy nostre seignour, donans en comandemant a toz nos soumis qu'il vous obeïssant en ce. Doné le mardi après *Jubilate*, l'an de grace M III^c^ et XIII. Au diz metre de Larochele procuratour, si come desus est dit, bailla ledit Guiot, le diomenche apres feste St Nicholas desté, la possession des biens de la meson des

Roches et de Toffou par la vertu do dit mandemant, et, le lundi ensegant, de la meson de Labruere, de Lacrozillere, de Labarre de Clarens, e, le mardi ensegant, de la meson de Brez et Dansigne, e, le jusdi ensegant, de la meson de Sainte Gemme et de Senans, et le samedi ensegant, de la meson de Laboissere, et le diomenche ensegant, de la meson de Lalande de Partenay. En tesmoing desqueles possession des biens des dites mesons, ci come le devant notaire presens a baille les dites possessions nous ha certefie a vive vois, auquel nous avons done pleniere foy. Sus ce, nous avons a ces presentes letres, appose le seau desus diz. Ce fuz fait le diomenche avant les Roveysons, present Guiot de Lamote, sergent le Roy, Nicholas Fevre, prestre, Guill[e] de Laroche, vaslez, l'an M III[c] et XIII. »

Signature en partie couverte par le sceau. « G. DEMER ».

Sceau en cire brune. L'écu de France, fleurs de lis sans nombre, en partie brisé. On lit autour: « ENESCALLIE... PICT ».

La lettre royale, telle qu'elle est citée dans l'acte, n'est, sauf les variantes nécessaires de forme, que la reproduction d'un arrêt rendu par le parlement de Paris dans sa session des octaves de la fête de saint Martin d'hiver de l'année 1312 (1), arrêt inséré au registre des *Olim* (2) et imprimé, avant la publication de M. le comte Beugnot, dans les ouvrages de Pierre Dupuy (3) et de l'abbé de Vertot (4).

Dans le « Cartulaire de Malte » des Archives nationales (5), nous

(1) « Mercurii post Annunciacionem dominicam. »

(2) T. III, f° 140 v° (t. II, p. 580, de la publication de M. le comte Beugnot).

(3) *Histoire de la condamnation des Templiers*, t. I, p. 187.

(4) *Histoire des chevaliers hospitaliers de Saint-Jean de Jérusalem*, t. I, p. 648 : l'arrêt est analysé dans la publication des anciens actes du Parlement de Paris, faite par les soins de M. Edgard Boutaric, t. II, n° 4089.

(5) Section historique, MM[3].—Cartulaire factice composé de transcriptions certifiées par des conseillers maîtres à l'ancienne chambre des comptes de Paris. Si l'on se reporte aux listes du personnel de la chambre, on voit que les copies doivent avoir été faites vers le milieu du XVIIIe siècle : le conseiller Cousinet, l'un des signataires, avait été nommé en 1730; un autre, le conseiller Frémin, en 1734; un autre, le conseiller Péan de Mosnac, en 1737, etc.

trouvons une copie de l'exemplaire de la lettre royale envoyé au bailli de Touraine, Jean de Vaucelles, pour la délivrance des biens des Templiers « estant es ressort de la... baillie (de Toraine) es parties » de Bretaigne » (1), et aussi la copie (2) d'un texte portant le *vidimus* de la prévôté de Paris. La formule de ce dernier texte est tout à fait générale : au lieu de s'adresser à un sénéchal ou bailli déterminé, comme le texte que nous publions, ou le texte de Touraine, le texte de la prévôté de Paris débute ainsi : « Philippus, Dei gratia Francorum » rex, universis Regni nostri Justiciariis ad quos presentes littere » pervenerint, Salutem », avec modifications analogues dans la suite de l'acte ; mais la date du 28 mars 1312 se retrouve aussi bien dans la lettre générale que dans celle adressée au bailli de Touraine. L'existence des deux documents (surtout celle du texte de la prévôté de Paris) indique bien que la lettre royale avait tout à fait le caractère de circulaire envoyée pour l'exécution de l'arrêt.

Le prieur Simon Le Rat, au nom duquel la mise en possession avait été requise par Hugues de Theil, appartenait sans doute à la famille qui avait eu l'honneur de compter dans son sein le douzième grand maître de l'ordre de Saint-Jean, Geoffroy Le Rat (1195 — environ 1206).

Le sénéchal chargé de l'exécution de la décision royale, Pierre de Ville-Blouain, *Petrus de Villa-Blovani*, avait succédé, comme sénéchal de Poitou, à Jean de Saint-Denys, vers 1299, et paraît avoir conservé ses fonctions seulement jusque vers l'époque où eut lieu la remise des biens du Temple. Il devint ensuite conseiller au Parlement de Paris (3). On trouve son nom cité à différentes reprises dans les registres du Trésor des chartes (4) et dans les Actes du Parlement de Paris (5). Il est désigné sous le nom de Pierre de

(1) Pièce n° 82 du registre.

(2) Pièce n° 78 du registre.

(3) Voir, à son sujet, les indications données par M. Paul Guérin dans les *Archives historiques du Poitou*, t. XI (Recueil des documents concernant le Poitou contenus dans les registres de la chancellerie de France, I, p. 21).

(4) Voir les pièces XVII, XIX, XXIV, etc., de la publication de M. Paul Guérin.

(5) *Actes du Parlement de Paris*, publiés par M. Edgard Boutaric, t. II, n°s 3740, 4474, 6134, 7441.

Villeboy dans un acte du Trésor des chartes, en date du mois de février 1313 (1).

Des trois délégués du prieur provincial de France qui reçurent les biens au nom de l'ordre en Poitou, un seul est dénommé, le frère Guillaume Rat, et le nom de la maison dont il était titulaire est laissé en lacune; les noms des deux autres délégués, les « mestres de Plescorau (2) et Larochele », ne sont pas indiqués, mais l'*en-tête* même du procès-verbal précise en ce qui concerne le second : c'était le commandeur à la requête duquel la remise était faite, Hugues de Theil. Guillaume Rat appartenait, suivant toute vraisemblance, à la famille poitevine qui, plus tard, a donné à la province le jurisconsulte Pierre Rat (3).

Les maisons du Temple dénommées dans l'acte étaient situées dans diverses régions du Poitou, appartenant actuellement aux départements de la Vienne, des Deux-Sèvres et de la Vendée. Les diverses possessions énumérées se groupent, on l'aura remarqué, en six maisons : — 1° la maison des Roches et de Touffou ; — 2° la maison de la Bruère, de la Crozillère, de la Barre de Clarens; — 3° la maison de Brez et d'Ansigné; — 4° la maison de Sainte-Gemme et de Senans; — 5° la maison de la Boissière; — 6° la maison de la Lande-de-Parthenay.

Les Roches, actuellement « Roche », et *Toufou*, sont deux hameaux de la commune de Cloué, canton de Lusignan, arrondissement de Poitiers. Les possessions des Roches et de Toufou ont formé, pour l'ordre des Hospitaliers de Saint-Jean de Jérusalem, la commanderie de Roche, plus tard réunie à la commanderie de la Villedieu sous le nom de commanderie de Roche-Villedieu.

Maison de la Bruère , de la Crozillère , de la Barre de Clarens, possessions moins connues. — La Crozillère est une localité de la commune d'Avon, canton de la Mothe-Saint-Héraye, arron-

(1) Pièce XXXIX de la publication de M. Paul Guérin.

(2) Plescorau, maintenant Plaincouraud, village de la commune de Mérigny, canton de Saint-Martin-de-Tournon, arrondissement du Blanc, département de l'Indre.

(3) Voir, au sujet de la famille Rat, le *Dictionnaire historique et généalogique des familles de l'ancien Poitou* d'Henri Filleau, publié par MM. H. Beauchet-Filleau et Ch. de Chergé.

dissement de Melle, département des Deux-Sèvres. L'incertitude qu'on peut avoir, au premier abord, en ce qui concerne la Barre de Clarens et la Bruère, est très facilement dissipée par l'examen des textes spéciaux. La Barre et Clarens sont certainement les localités du territoire de la commune de Saint-Léger-les-Melle, canton et arrondissement de Melle, connues, la première sous le même nom de la Barre, la seconde sous le nom de Clairin. Très fréquemment, pour distinguer la Barre de ses nombreux homonymes, on a ajouté à son nom celui de Clairin. « Barra de Clarenc », dit le Pouillé de Gautier de Bruges; « la Barre-Clérin », dit le Pouillé de Mgr de la Roche-Pozay. Les mentions des deux Pouillés ne laissent pas le moindre doute pour l'identification des deux localités avec celles désignées dans le procès-verbal de 1312 : —*Pouillé de Gautier de Bruges :* « Ecclesia de Barra de Clarenc habet curam ; non instituitur ab episcopo, sed à Templariis (1)... In parochia Sancti Leodegarii (de Metulo) est capellania Templariorum que vocatur de Barra de Clarenc, et est ibi capellanus secularis non institutus ab episcopo (2). » — *Pouillé de Mgr de la Roche-Pozay :* « Ecclesia de Barra. Saint-Georges de la Barre-Clérin. Patronus, magnus Aquitaniæ prior ordinis Sancti Johannis Hierosolimitani (3). »

La Bruère est le hameau de la Bruyère dont le nom apparaît dans d'anciens documents, sous la même forme qu'au procès-verbal de 1313, et qui est situé sur les territoires de Lusignan et de Rouillé (4). Ces territoires sont de l'arrondissement de Poitiers, comme on le sait; mais ils sont placés sur les limites du département de la Vienne, du côté des Deux-Sèvres, à peu de distance de la Mothe-Saint-Héraye et de Melle. Les possessions de la Bruère furent rattachées à la commanderie de Roche.

(1) *Grand Gautier de l'évêché de Poitiers*, f° 154.

(2) *Grand Gautier de l'évêché de Poitiers*, f° 154. — C'est notre confrère M. H. Beauchet-Filleau, le savant auteur du *Pouillé du diocèse de Poitiers* et du *Dictionnaire topographique* encore inédit *du département des Deux-Sèvres*, qui a bien voulu relever les différents textes du *Grand Gautier* utilisés dans nos concordances. Nous lui devons toute notre gratitude pour l'obligeance avec laquelle il a secondé notre travail.

(3) *Évesques de Poictiers*, de Jean Besly (Paris, 1647, in-4°), p. 237.

(4) Voir *Dictionnaire topographique du département de la Vienne*, par M. Louis Rédet, p. 71.

Maison de Brez et d'Ansigné. — Brez ou Bret est une localité de la commune d'Aubigné, canton de Chef-Boutonne, arrondissement de Melle. Ansigné, appelé quelquefois, plus tard, Ansigny, est Ensigné, commune du département des Deux-Sèvres, canton de Brioux, arrondissement de Melle. C'était encore, à la fin de l'ancien régime, le siège d'une commanderie de l'ordre de Saint-Jean de Jérusalem, grand prieuré d'Aquitaine.

Maison de Sainte-Gemme et de Senans. — Sainte-Gemme est une localité de la commune de Benet, canton de Maillezais, arrondissement de Fontenay-le-Comte, département de la Vendée. Les possessions de la commanderie que les chevaliers hospitaliers eurent à Sainte-Gemme s'étendaient sur le territoire des paroisses de Coulon et de Sainte-Christine. Le Pouillé de Gautier de Bruges mentionne l'établissement des Templiers : « In archipresbyteratu » Arduni... apud Benas est domus Templi que dicitur Saint » Gemme (1) ».

Senans, actuellement Cenans, est une localité de la commune de Saint-Pompain, canton de Coulonges, arrondissement de Niort.

Maison de la Boissière. — La Boissière est la Boissière-en-Gâtine, commune du canton de Secondigny, dans le département des Deux-Sèvres.

La maison de la Boissière est mentionnée dans les pièces du procès des Templiers. On y voit le frère Jean de Bertaud, *frater Joannis Bertaldi Pictavensis diocesis preceptorque Buxeris in Gastina ejusdem diocesis*, interrogé par les commissaires pontificaux, à Paris, le 12 mai 1310 (2).

Les domaines dépendant de la maison de la Boissière s'étendaient sur le territoire des paroisses de Secondigny, de Pougnes et de Saint-Pardoux.

Maison de la Lande-de-Parthenay. — La Lande-de-Parthenay

(1) *Grand Gautier de l'évêché de Poitiers*, f° 157 v°.

(2) *Procès des Templiers*, publié par J. Michelet, t. I, p. 270. — Jean de Bertaud, ainsi qu'il l'indique aux commissaires, avait subi un premier interrogatoire à Saint-Maixent, en présence du sénéchal de Poitou et de Jean de Jamville, huissier d'armes du roi, préposé à la garde des Templiers. Plus tard, il avait été interrogé à nouveau par l'official de Poitiers assisté de frères prêcheurs et mineurs et du doyen de la cathédrale.

appelée aussi petite Lande-de-Parthenay ou de Gourgé, est une localité de la commune de Gourgé, canton de Saint-Loup, arrondissement de Parthenay, département des Deux-Sèvres. La maison de la Lande-de-Parthenay est devenue une commanderie de l'ordre de Saint-Jean de Jérusalem, grand prieuré d'Aquitaine.

M. le comte Louis de la Boutetière, dans son intéressant travail intitulé *Possessions territoriales des ordres religieux militaires dans le département de la Vendée* (1), donne des détails au sujet de la commanderie de Sainte-Gemme. Les archives du département de la Vienne possèdent, dans la série H, des documents relatifs à cette commanderie (liasses nos 327 à 334), ainsi qu'aux établissements des Roches (liasses nos 910 à 915), — de la Crozillère (liasse no 916), — de Brez (liasse no 153), — d'Ansigné (liasses nos 149 à 152), — de Cenans (liasses nos 319 à 326), — de la Boissière-en-Gâtine (liasse no 922), — de la Lande-de-Parthenay (liasses nos 918 à 921) (2). On trouve aussi, au sujet de quelques-uns de ces établissements, des indications dans les pièces de la section historique des Archives nationales (3).

Nous devons rappeler que la Société des antiquaires de l'Ouest, dans le volume de *Documents inédits* imprimé par ses soins en 1876, a publié, d'après les pièces originales conservées aux archives du département de la Vienne, les inventaires des biens meubles des maisons du Temple à la Lande-de-Parthenay et à Ansigné, lors de leur passage aux mains des chevaliers de l'Hôpital (4). Les deux inventaires sont dressés par le notaire dont le nom figure dans notre procès-verbal, Guillaume Hervé, prêtre; ils sont relatés dans des

(1) La Roche-sur-Yon, 1873.

(2) Nous ne saurions trop remercier notre confrère M. Alfred Richard, archiviste du département de la Vienne, de l'obligeant concours qu'il a bien voulu nous donner pour la rédaction de notre mémoire, et particulièrement d'indications qui ont été, pour une très large part, dans la détermination des concordances entre les localités mentionnées au procès-verbal de 1313 et les localités actuelles.

(3) S 5546 (registre). Déclarations des commanderies de l'ordre de Sainct-Jean de Hierusalem scituées dans le royaume de France et dans chaque grand prieuré, scavoir : France, Acquitaine, Champagne, Auvergne, Saint-Gilles et Thoulouze. M 25. — Voir aussi la *Gastine historique et monumentale* de M. Bélisaire Ledain, etc.

(4) Pièce XXV, 1° et 2°, p. 92 et 94.

procès-verbaux rédigés, comme ce dernier, par Guillaume Demer, garde du scel du roi à Poitiers. Le procès verbal relatif à la maison de la Lande-de-Parthenay est, comme notre document, daté du « diomenche avant les Roueysons... l'an mil IIIe et tresze »; le procès-verbal relatif à la maison d'Ansigné est du « mardi après feste sainct Nicholas d'esté », jour de la remise de l'immeuble. Les inventaires avaient été rédigés sur l'ordre de Guillaume Demer, à la requête du commandeur Hugues de Theil : les dates auxquelles ils avaient été dressés ne sont pas spécifiées.

Nous avons eu occasion de mentionner, dans une publication récente (1), des biens du Temple qui ne se retrouvent pas dans l'énumération du procès-verbal de remise reproduit ci-dessus; nous voulons parler des biens que les Templiers possédaient à Chauvigny-sur-Vienne, dans le département actuel de la Vienne. Les formules de l'acte du 20 mai 1313 semblent tout englober : — « Quare » vobis, dit la lettre royale, precipimus et mandamus quod bona » predicta et eorum possessionem realem, videlicet eorum que in » vestra senescallia et ejus ressorto existunt, plenarie tradatis », — dans le passage du procès-verbal mentionnant les pouvoirs du sergent royal, Guiot de Lamote, « bailler e delivrer au dit pro- » cureour la possession des biens do Temple estanz en la senes- » chausee de Poyto »; — puis, dans le mandement du sénéchal : « Par la vertu desqueles letres, nous avons baillé à frere Guillaume » Rat... la possession des diz biens do Temple estanz en nostre » seneschausee, joste et selon la tenor des dites letres le Roy nostre » seignour : si vous mandons e cometons que vous les diz biens... » bailler et delivrer plenierement... joste et selon la tenor des » dites letres le Roy... » Mais si l'on repasse attentivement la liste des maisons transmises d'après le procès-verbal, on voit que les possessions de Chauvigny ne sont pas les seules omises. Restent en dehors, tout au moins : la maison de Mauléon-sur-l'Oint (Châtillon-sur-Sèvre), dans le département actuel des Deux-Sèvres (2); celles de Champ-Gillon, de Coudrie, de la Lande-Blanche, dans le

(1) Notice sommaire sur Chauvigny de Poitou et ses monuments, p. 144.
(2) Voir, sur la maison de Mauléon, *Arch. départ. de la Vienne,* série H³, l. 720 à 728.

département de la Vendée (1); celle de Mont-Gauguier, dans le département de la Vienne (2).

La lettre royale du 28 mars 1312 avait certainement ses contre-lettres. A raison de la mauvaise volonté que le pouvoir royal mettait à la délivrance des biens du Temple, il est évident qu'il n'autorisa d'abord en Poitou, comme ailleurs, qu'une remise partielle. La remise constatée par notre procès-verbal, et qui était faite sous le règne même de Philippe le Bel, aura été complétée plus tard, lorsque le successeur de ce prince, son fils Louis X, se décida, dans les conditions que nous avons rappelées, à achever la transmission convenue avec l'Autorité spirituelle.

(1) Sur les maisons de Champ-Gillon, Coudrie et la Lande-Blanche, voir *Arch. départ. de la Vienne*, H[3], l. 335 à 418; Louis de la Boutetière, *Possessions territoriales des ordres religieux et militaires dans le département de la Vendée*, p. 13, 14 et 15, et *Archives historiques du Poitou*, t. I, p. 92, t. II, p. 149 et suiv. — Le tome II des *Archives historiques du Poitou* contient un cartulaire de la maison de Coudrie publié par M. de la Boutetière. La maison de Coudrie paraît bien être celle qui est ainsi mentionnée dans le Pouillé de Gautier de Bruges (*Grand Gautier*, f° 162) : « In parochia de Chalans, » decanatus Asianensis (d'Aisenay) est domus Templariorum et ministrant » sacramenta per non presentatum episcopo. »

La maison de Champ-Gillon est mentionnée dans le procès des Templiers (t. I, p. 270 de la publication de J. Michelet) : il y est question du frère P. de Mainard « tunc preceptore Domus de Campo Gilonis. »

(2) Sur la maison de Mont-Gauguier, voir *Arch. départ. de la Vienne*, H[3], l. 544 à 557, et la *Topographie du département de la Vienne* par M. Louis Rédet, p. 273.

Extrait des Bulletins de la Société des Antiquaires de l'Ouest
(2e *trimestre* 1882).

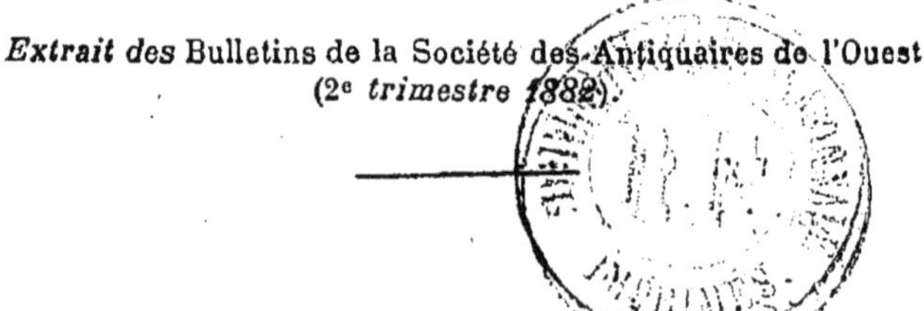

Poitiers. — Imprimerie Tolmer et Cie.

www.ingramcontent.com/pod-product-compliance
Ingram Content Group UK Ltd.
Pitfield, Milton Keynes, MK11 3LW, UK
UKHW020552230726
13925UKWH00006B/2562

9 782013 445030